图说
收听收视率

上海广播电视台总编室 著

上海交通大學出版社
SHANGHAI JIAO TONG UNIVERSITY PRESS

内容提要

本书基于媒介融合的态势日益明显，视听环境变得更加丰富复杂，受众的收视收听行为发生剧变的前提，采用漫画的形式，系统地向读者介绍国内外视听率的定义、起源、调查方法以及功能特性等，还思考、展望了未来多平台、多终端环境中视听率调查的前景。希望读者通过本书，对视听率这一“魔棒”能够有系统而清晰的认知。

本书适合媒体从业人员及新闻研究者参考阅读。

图书在版编目（CIP）数据

图说收听收视率／上海广播电视台总编室著. —上海：上海交通大学出版社，2015

ISBN 978－7－313－13543－8

I. ①图… II. ①上… III. ①收视率—图解 IV. ①G223—64

中国版本图书馆CIP数据核字（2015）第179516号

图说收听收视率

著　　者：上海广播电视台总编室
出版发行：上海交通大学出版社　　地　　址：上海市番禺路951号
邮政编码：200030　　电　　话：021-64071208
出 版 人：韩建民
印　　制：上海海红印刷有限公司　　经　　销：全国新华书店
开　　本：787mm×960mm 1/16　　印　　张：5.5
字　　数：53千字
版　　次：2015年8月 第1版　　印　　次：2015年8月第1次印刷
书　　号：ISBN 978－7－313－13543－8／G
定　　价：30.00元

序

诚如本书作者所言，电视人每天最关心的事，莫过于视听率的波动。所谓视听率（即收听收视率），无非是受众选择广播、电视节目的结果，它牵动着每一位广电制作人的神经。

那么，视听率究竟是怎样测量出来的？其科学依据和实际价值究竟何在？

尽管在节目竞争越来越激烈的当下，视听率的科学性和准确性，屡屡受到质疑，但无可否认，迄今为止，它依然是最为客观、最受认同的节目评价指标。“视听率至上”固不可取，但正确了解、充分发挥视听率的作用，则至关重要。

更应看到，近些年来，媒介融合的态势日益明显，社交媒体的兴起势不可挡，视听环境变得更加丰富，也更加复杂了，受众的收视收听行为正在发生剧变。面对这一形势，视听率将发生怎样的变化？视听率的统计、分析和研究工作，怎样才能更加科学、准确？对于这些问题的解答，就是本书作者试图与读者分享的主要内容。

在传播学发展的历程中，传播效果的研究尤为热门，经历了魔弹论、弱效果论、有限效果论、回归强效果论等阶段。而视听率，也属于广电节目传播效果的一种表现形态。中国（大陆）的视听率调查，开始于20世纪80年代中期，至今已有30余年，积累了较为丰富的实践经验和研究成果。为此，可以期待，通过反思、总结，启迪更多的同行乃至广大受众，一起来探索包括视听率在内的各种有效传播的规律，必将有利于媒体的转型和革新。

本书采用了漫画的形式，系统地向读者介绍国内外视听率的定义、起源、调查方法以及功能特性等，图文并茂，深入浅出，读来生动有趣。尤为可贵的是，本书还思考、展望了未来多平台、多终端环境中视听率调查的前景。

值得一提的是，本书主创人员中，有两位与我结下师生缘分：吴林——上海电视台资深节目制作人，20多年前在复旦大学听过我的授课；阳欣哲——近年我在上海交通大学指导的博士，年轻有为，现就职于上海广播电视台总编室。

我相信，无论是广电行业的新人，还是节目制作的行家，通过本书，都能受益——各位对于视听率这一“魔棒”的概念界定、统计方法、作用特点以及未来发展，将由此获得一个系统而清晰的图像。

张国良

上海交通大学媒体与设计学院

教授、博导

2015年5月

目录

什么是
收听收视率
S

SMG2015 广告盛典
主持人
你们猜电视人每天
关心什么指数？
不是气温和PM2.5，
而是______。
是什么？
来宾

SMG2015 广告盛典
收视率
是收视率！
哪变出来这么大的板子
哦

什么是收视率？

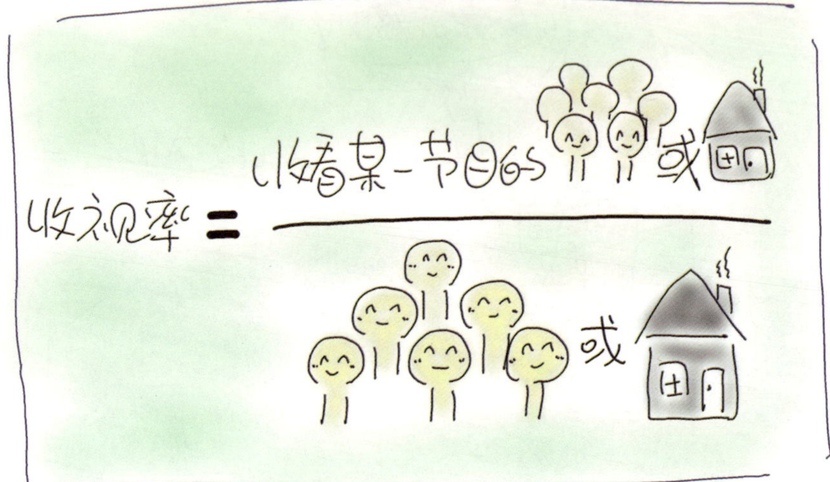

调查数据反映的是观众收视的整体情况而非个体细节。

什么是"广播收听率"?

这里是人民广播电台。

$$\text{收听率}=\frac{\text{特定时段收听广播或频率}}{\text{广播人口总数}}$$

美国是世界上最早展开视听率调查的国家。

历史篇：
早期收听收视
率调查

主要采用同步电话法，同时辅以日记法收集其他定性资料。

20世纪50年代，AC尼尔森公司将原本用于收听率调查的受众测量仪（Audimeter，也有译作声音测

量仪）移植到电视上，开始涉足收视率调查。

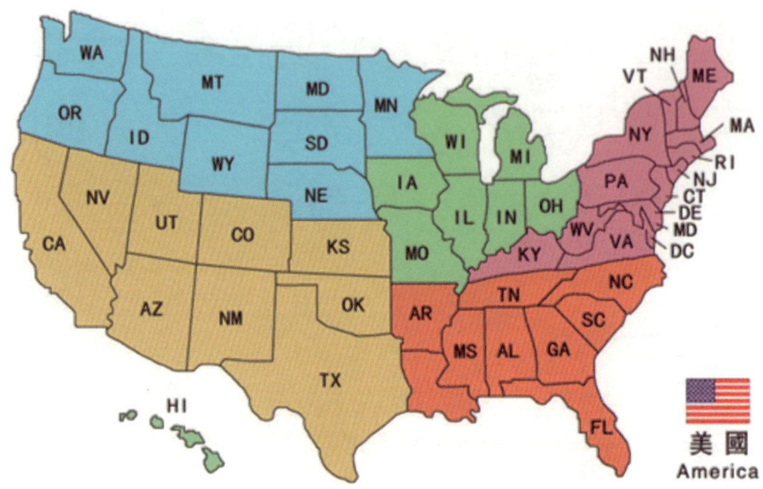

于上世纪50年代推出了全国电视网收视报告NTI（Nielsen Television Index，尼尔森电视网收视指数）与地区性收视报告NSI（Nielsen Station Index，尼尔森电视台收视指数）。

目前国际上比较有影响力的收视率调查公司主要有AGB尼尔森、美国的阿比壮（Arbitron Company）、英国的BARB（Broadcaster Audience Research Board Limited）、法国的TNS（Taylor Nelson Sofres）、加拿大的BBM、日本的VR等。

我国收视率调查

始于上世纪80年代中期

90年代中后期快速发展

1987年中央电视台进行第一次电视观众调查

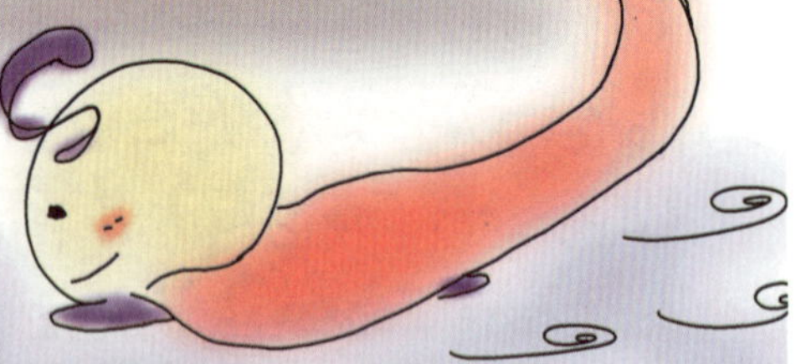

中国中央电视台
CHINA CENTRAL TELEVISION

我国的收视率调查在20世纪80年代中期起步，90年代中后期进入快速发展阶段。1987年，中央电视台进行了我国第一次城乡范围的电视观众调查，以后全国性调查每隔5年一次。与此同时，一些地方台也陆续开始了收视率统计。

1997年12月4日，由原央视调查咨询中心和索福瑞（Sofres）集团合作成立了央视-索福瑞媒介研究（CSM）。除CSM外，在收视率调查业中，另一家较重要的公司是AC尼尔森公司。

AC尼尔森于90多年前在美国成立，为全球100多个国家和地区提供服务。1984年进入中国，最早开展的是市场研究，后逐渐介入收视率调查。因其国际背景和相对中立，获得业内称道。
可惜它现在已经全面退出中国收视调查市场，由CSM独占了市场。

我国收听率调查何时起步？

与收视率调查相比，严格意义上的收听率调查，在中国起步更晚，始于上个世纪90年代中期。

这些调查大多采用随机抽样、问卷调查的方法，主要调查内容为：

(1) 居民收听设备拥有情况。

(2) 听众收听广播的地点、习惯和偏好。

(3) 各广播频率的收听情况。

(4) 对节目的满意度。

(5) ……

准确地说，这些调查更侧重于定性和考虑。

目前我们所熟知的收听率调查的形态，是始于央视—索福瑞媒介研究(CSM)于2000年在北京、深圳、杭州和成都四个城市进行的试点。从2002年开始，CSM正式在北京、上海和广州三大城市进行收听率调查。

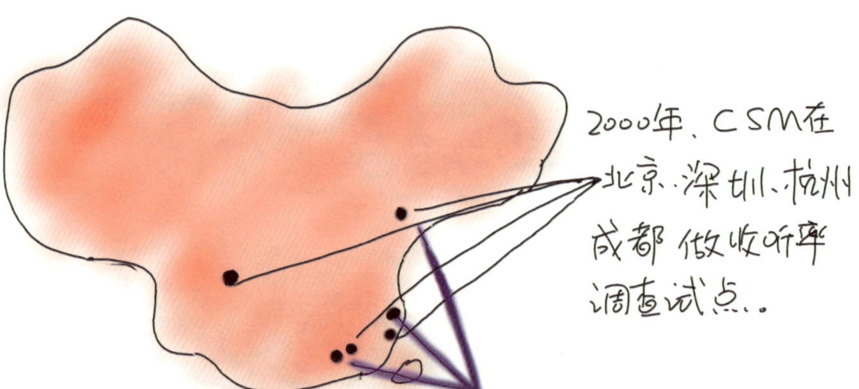

从2002年开始，CSM正式在北京、上海和广州三大城市进行收听率调查。

CSM每年在北上广进行三次连续调查，每次调查持续四周。每个城市的样本规模为300户，对抽中的被访者，采用日记卡的方法调查其收听行为。

央视市场研究（CTR）在1999年开始的“中国城市居民调查”中，通过问卷形式对媒介接触习惯进行了连续调查，其中包括了广播频率的收听情况。

这项调查覆盖了全国60个城市，每年进行8次。

现实篇：
现在如何得到
收视率

现实篇

现在如何得到收视率？

一般由第三方数据调研公司

通过

或者

或者

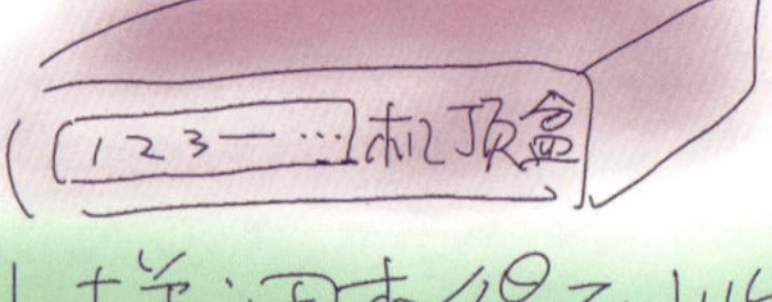

等方式抽样调查得到收视率。

分几个步骤？

1、大规模基础调查

2、排序

3、抽样

4、详细调查

什么叫大规模基础调查？

大规模调查是了解影响观众收视行为的因素。调查人员对普查结果进行整理排序，以便抽样做个案调查。

例如：

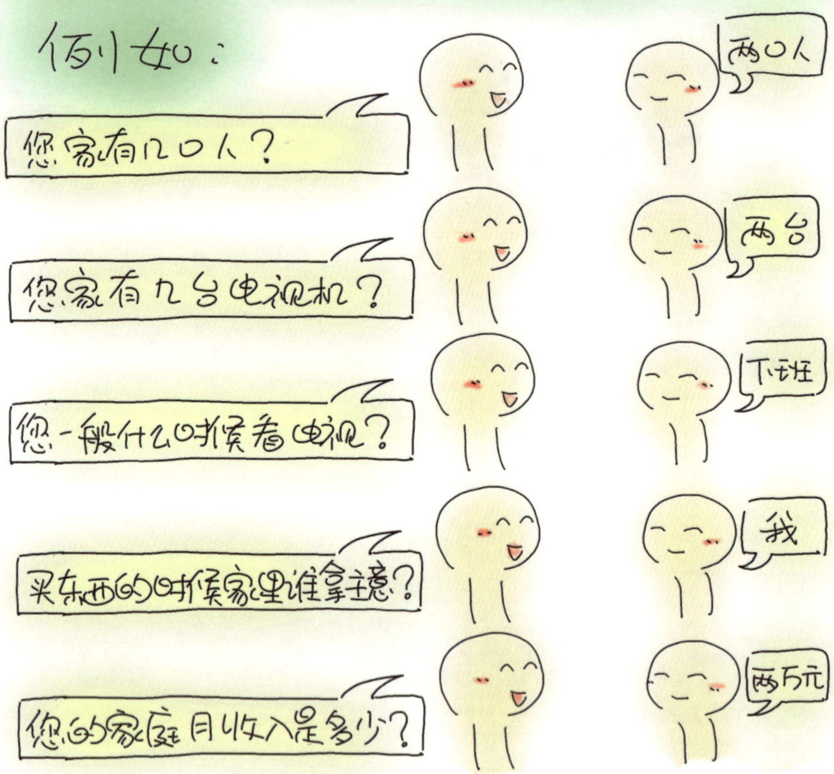

对抽样有何要求？

收视率的数据采集方法有几种？

目前有两种方法：人员测量仪法和日记法

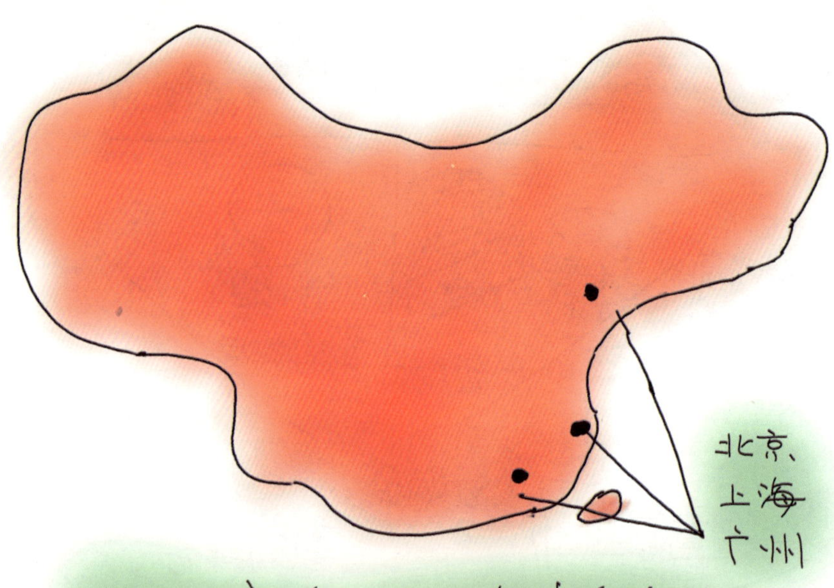

北、上、广各500户样本户，
中小城市有200或300户。

日记法
麻烦您填一下日记卡，4岁及以上家庭成员都要按要求填写哦。
好的
我只填动画片，妈妈

日记卡：是指通过由样本户中所有4岁及以上家庭成员填写日记卡来收集收视信息的方法。

日记卡上所列的时间间隔为15分钟，每一张日记卡可记录一周的收视情况。

样本户中每一家庭成员都有各自的日记卡，要求他们把每天收看电视的情况（包括收看的频道和时间段）随时记录在自己的日记卡上。

人员测量仪法
1 2 3~十 来宾
我给您家安装了测量仪，这样我们可以较快统计收视率。

人员测量仪法：

调查机构按照样本分布选定一些用户付费安装一些“监测设备”，用来记录用户的换台情况，定期搜集这些数据，做出收视率统计。

看！测量仪实物是这样的：

有时候，调查机构或电视台也会根据特殊需要开展即时收视率调查。一般是通过电话寻访来进行，寻访对象为按照样本分布，事前选定的指定用户，比如：宠物类节目选定豢养宠物的家庭，这样结果更精准，速度也更快。

影响收视率的主观因素是什么？

收视率主要变量是收视人数和收视时间，所以很多因素能够影响到收视率。包括主观上的因素，如样本选择的改变，标准设置的改变。除此之外，还有一些客观因素。

影响收视率的主观因素有几点？

1、地域因素

2. 季节因素
夏季
去海边冲浪喽。
冬季
SMG
还是在家里
看电视舒服。

3、时段因素
用餐
小明，关电视吃饭喽。
来啦。
晚上
达人秀
忙完了，全家一起看娱乐节目。

4、频道因素
靠前
我喜欢看新闻，
1频道真方便。
1频道
News
靠后
亲爱的，你怎么不看60频道
的新闻呢，听说不错哦。
1频道
NEWS
懒得拨啊

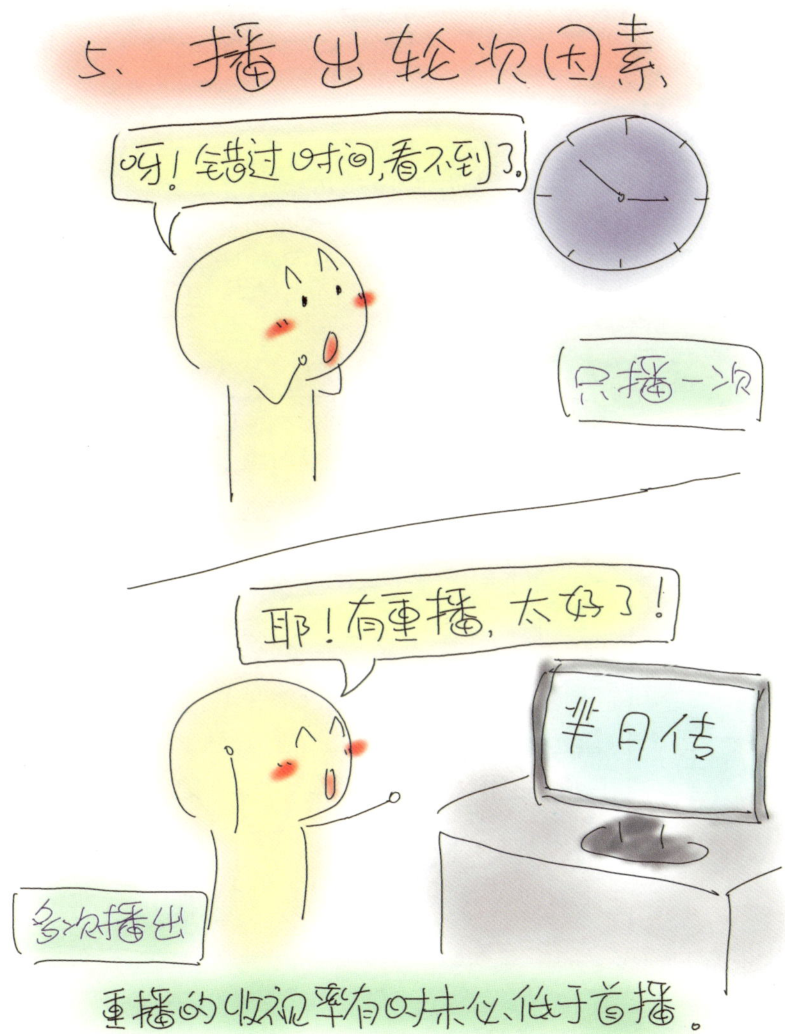
5、播出轮次因素
呀！错过时间，看不到了。
只播一次
耶！有重播，太好了！
芈月传
多次播出
重播的收视率有时未必低于首播。

收听率调查方法

收听率调查方法和收视率调查方法大同小异。

流程

1.	确定调查总体
2.	进行基础调查
3.	建立固定样组
4.	记录收听行为及数据处理等

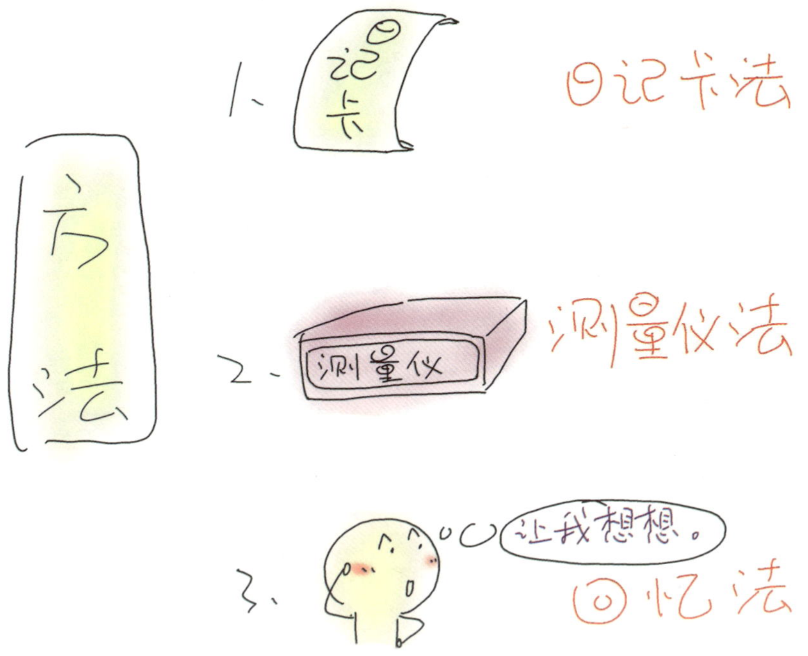

日记卡法是主流，在特别情况下，如流动听众调查，电话调查等，以回忆法来补充。

目前国内主要提供收听率调查服务的媒介调查机构，如：赛立信（采用日记卡法＋BSM测量仪）、索福瑞、尼尔森等，都采用日记卡法进行收听率调查。

CSM Media Research

CSM是CTR市场研究集团与TNS集团共同建立的合资公司。收视率市场研究是其主要业务，但目前也在中国30余个重点城市开展收听率调查业务，对400余个广播频率进行收听率调查。

赛立信研究集团成立于1996年，是我国唯一一家专门从事广播研究的专业机构。目前在广州、上海、北京、香港以及杭州有分公司或办事处。在我国60多个大中城市建立样本库，进行全国或区域性广播受众研究项目。

ACNielsen

尼尔森公司1923年由现代市场研究行业的奠基人之一阿瑟·查尔斯·尼尔森先生创立。他的儿子小阿瑟将公司改造为国际市场调查行为的领导者。目前在中国，因其业务转移，继退出收视调查市场后，收听率调查份额也在萎缩。

收听率调查工具是啥模样?

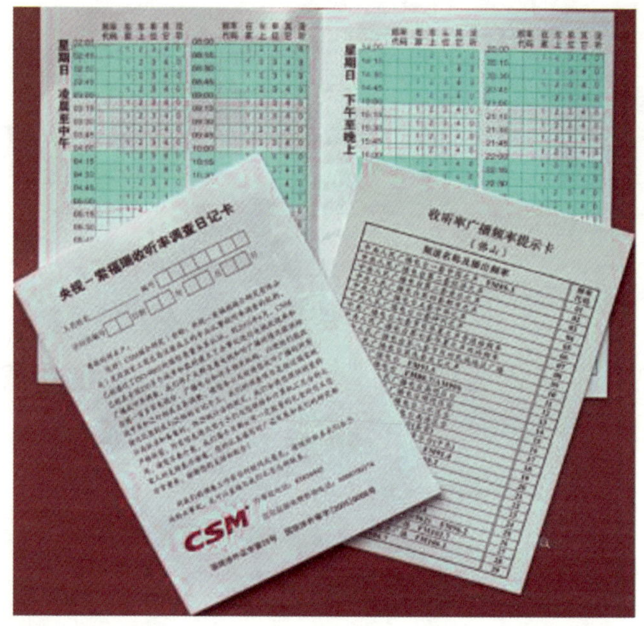

央视—索福瑞收听率日记卡

央视—索福瑞视听率分析软件界面

知名主持人崔永元轻称“收视率是万恶之源”，但是收视收听率还是决定节目命运，决定单位营收，决定广电人荣辱的极为重要的指标。

收视收听率有什么用途？

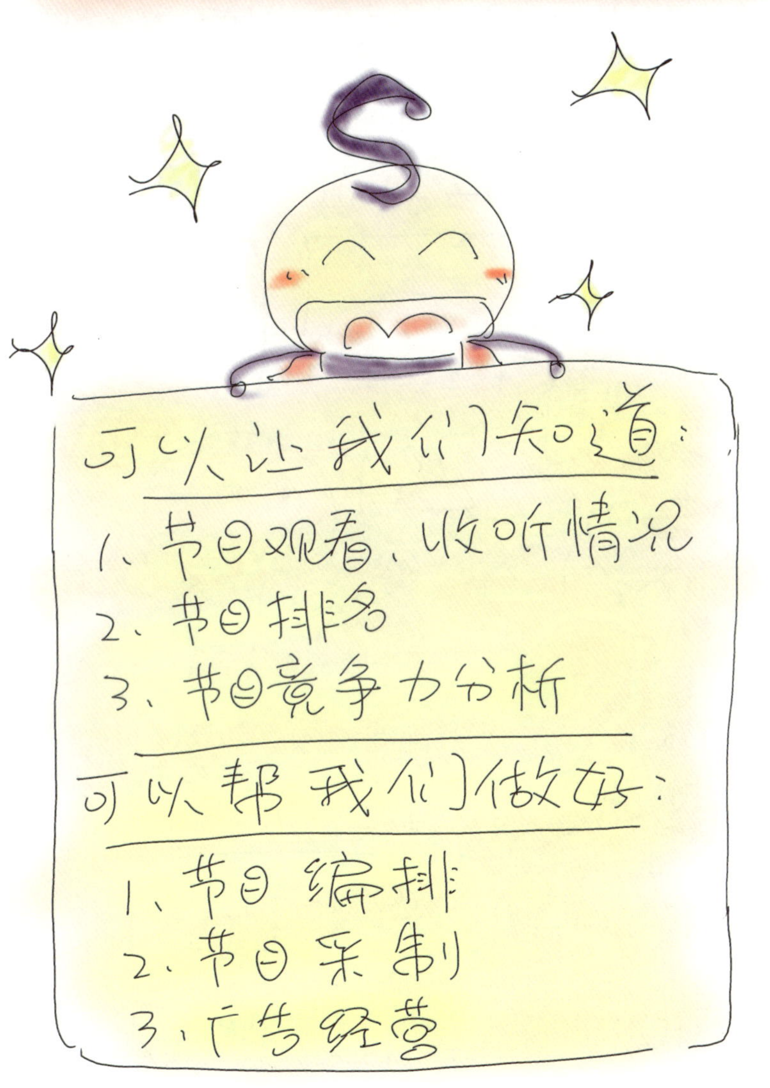
可以让我们知道：
1、节目观看、收听情况
2、节目排名
3、节目竞争力分析
可以帮我们做好：
1、节目编排
2、节目采制
3、广告经营

有的节目是叫好又叫座，有的节目是叫好不叫座，有的节目是叫座不叫好，小超人先生怎么看？
MG
我的观点是：重视收视率，不唯收视率。

“收视率，
鬼知道。”
《武林外传》导演——尚敬
“发飙啦！”
收视率如此重要，但
是其准确性也常受
到质疑。

影响收视率准确性的因素有很多，比如：样本户数量、频道落地情况，样本户的选取不科学，甚至被！污！染！

还是业界专家郑维东先生说的好"收视率就是杆秤，买卖没做好，不能把怨气全撒在秤身上"。

收视率调查改进中！

2014年7月1日推出新的收视率国家标准。综合运用云计算、大数据等更加客观、科学的技术手段统计、调查收视率。

收听率调查改进中！

2014年10月，上海东方广播中心新媒体产品"阿基米德"上线，迅速吸聚众多用户。阿基米德、蜻蜓、喜马拉雅等移动APP带来了全新的交互方式，为收听率的调查提供了新的更靠谱的途径。

MG

专门针对车载移动人群的点对点，收听率测量仪，也拟在SMG旗下的广播公司投用。

未来篇：
CPCD时代
正向我们走来

CPCD时代正向我们走来
CPSC
C
D
MG

未来还是这样统计
收听收视率吗?

情况正在起变化!
现在看电视、听广播
早已不同以往。

如今观众收看电视节目的方式分为：

1. 
通过电视看直播

2. 

通过电视回看节目视频、网络视频

3. 

通过电视之外的屏幕看直播

4. 

通过电视之外的屏幕点播节目的网络视频

当下的媒体传播已变成"跨平台多终端"的环境，也称CPCD，英文全称Cross Platforms Cross Devices，描绘的是媒体传播的复杂图景。

以电视节目为例，不只通过数字有线电视网络平台传输，也通过卫星直播平台、宽带互联网平台、移动互联网平台等实现多元传输；同时与平台相对应，收看电视节目的终端也由电视扩展到电脑、平板及手机等多种屏幕设备。

CPCD的背后既孕育着三网融合的纷争，也包含着以互动和分享为特征的观众使用电视新体验。

因此，收视率的统计再也不能还像以前那样只关注电视收看的情况了。

对电视之外的终端收视率，目前常用的方法是利用视频加码的网络技术，采集数据，进行处理和报告撰写。

小超人先生，这么高大上的图是什么意思呢？请解释一下吧。
=MG=
答案就在下一页。

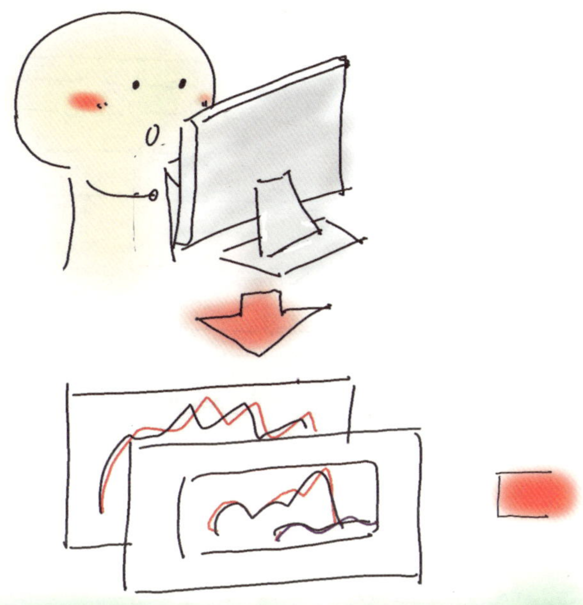

首先，在大家收看视频的网页播放器上，技术人员会通过一定的技术手段加入新的功能，你看不到。但当你收看视频时，它能记录你的观看行为，并发送到后台服务器。

通过互联网用户的收视行为数据传回采集服务器，这些数据包括收视时长、拉动、重看、关闭等。服务器会对你的收视时长、拉动、重看、关闭等行为进行数据处理，供研究人员分析。

基于大数据和云技术，后台有强大的数据查询端口，供分析人员查询想要的数据，进行分析报告撰写。

例如：

电视台想了解《笑傲江湖》的网络收视情况，就可以按照上面的步骤搜集、整理并分析数据。目前电视节目尚未这样做，但已有广告公司请市场调查公司帮助广告视频进行此项操作，未来应该会逐步推广到电视节目。

这就是大数据时代网络收视统计的路径。还有更夸张的呢，你们听说过爬虫吗？
MG
没有听过

“爬虫”是网络监测的一种通用手段，按照一定的规则，自动抓取互联网信息。现在有一些基于大数据的视频分析网站会提供实时数据和集合数据，通过“爬虫”到互联网上实时、不间断抓取需要的数据，放在分析服务器上供查询和撰写分析报告。

Twitter是国外的社交网站，
类似于我们的微博。
Twitter正在和电视紧密结合。

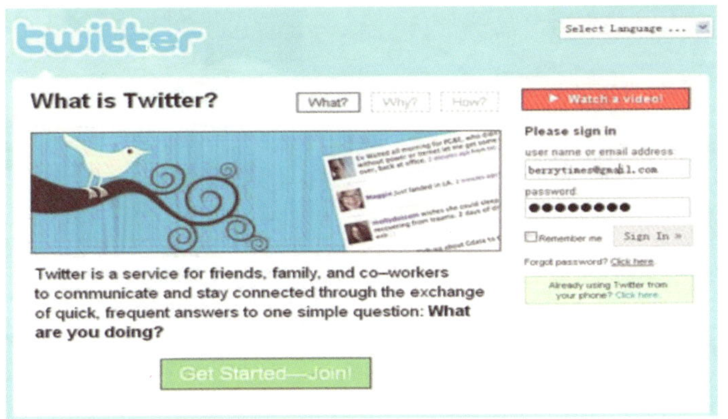

n

TOP TEN SERIES ON TWITTER

Ranked by Average Unique Audience
Sept. 1, 2013-May 25, 2014

RANK	NETWORK	PROGRAM	AVERAGE AUDIENCE (000)	AVERAGE TWEETS (000)
1	AMC	BREAKING BAD	6,026	521
2	AMC	THE WALKING DEAD	5,168	576
3	ABC FAMILY	PRETTY LITTLE LIARS	4,778	675
4	ABC	THE BACHELOR	3,620	196
5	HBO	GAME OF THRONES	3,507	153
6	MTV	TEEN WOLF	3,342	499
7	FX	AMERICAN HORROR STORY: COVEN	2,837	192
8	ABC	SCANDAL	2,430	405
9	NBC	THE VOICE	2,294	271
10	ABC	DANCING WITH THE STARS	2,060	96

Read as: An average of 6.0 million distinct Twitter accounts viewed one or more of the 521,000 Tweets sent on average about each new/live episode of Breaking Bad on AMC.

Source: Nielsen, Data from 9/1/2013 - 05/25/2014. Nielsen Social measures Tweets in the U.S. from three hours before, during and three hours after airing, local time. Unique Audience of Tweets ascribed to an airing is measured from when the Tweets are sent until the end of the broadcast day at 5am. Prior to 1/1/14, Nielsen Twitter TV Ratings were only available for English-language networks. Data includes new/live airings on Broadcast and National Cable Networks only. Series exclude programs with less than 5 telecasts.

AN UNCOMMON SENSE OF THE CONSUMER™

（图片资料来自网络）

2012年开始，尼尔森公司进行了Twitter“电视收视率”的尝试。统计出提及某个电视节目的tweet数量，以及这些tweet所到达的受众数量，可以看成是某个节目在tweeter上的收视率。

举例来说：
2013年9月23日，AMC旗下的神剧“绝命毒师”播放了剧终集，并成功登顶“Twitter电视评价”排名第一的位置。同该剧相关的120万条消息，总共覆盖了930万个Twitter帐户。

除了"收视率",还可以统计"满意度"——Twitter用户在家观看体育赛事或者电视剧时发表的评论,以及通过智能手机、平板电脑等"第二屏"分享的想法也在统计之列。

电视网络正开始利用Twitter平台的数据展开营销。比如：Discovery旗下"Discovery Communications"和广告巨头McCann公司开始向尼尔森购买关于电视节目相关Twitter消息的当天数据。

新浪也不甘人后！在国内，央视-索福瑞(CSM)与新浪微博在2014年初达成战略合作，共同推出微博收视指数。这是社交媒体电视研究的新尝试。

随着技术手段的突破，视听调查有着更多的可能性和更广阔的前景，吸引很多新锐公司介入，欲分一杯羹。

Miaozhen Systems

Ze Media

泽传媒

例如：

应用云计算、自然语言处理和人工智能技术进行播出效果评估的秒针公司；比如，进行跨平台营销做得风生水起的媒介360；再比如，专注于全媒体收视率调查的泽传媒，发布了中国第一个结合电视、网络、新媒体数据样本的动态电视排行榜——“中国全媒体卫视收视率排行榜”。

CPCD第二重含义来了！

那么，在CPCD的框架下，收视行为的测量又有什么变化呢？这可以概括为另一种"CPCD"。

正确的样本，精确的数据

这是未来新兴收视率测量的发展方向。

CPCD的第三重含义！

顾客优先，内容制胜

互联网时代，用户至上。只有引导并满足用户需求的媒体内容，通过跨平台多终端，传播价值才能实现最大化。内容依旧为王。因此，这也就是第三个CPCD的意义：顾客优先，内容制胜。CPCD时代，广播电视路在脚下。

CPCD时代，
广播电视，
路在脚下！

小荷已露尖尖角，
无限风景待明朝。

后 记

本书是在上海广播电视台《广播电视研究》杂志刊登《图说收听收视率》一文广受好评的基础上，补充、丰富后编绘出版的“图说”丛书之一。

丛书旨在用图文并茂、通俗易懂的方式，解释广播电视行业中的基础知识和新兴概念，希望能给踏入广播电视行业的新人以及对广播电视行业感兴趣的朋友作为入门读物。

作者

2015年5月